LA GUÍA DEL DROPSHIPPING

DISCLAMER:

El método explicado aquí, te hará ganar dinero, mucho dinero si lo aplicas correctamente; así pues, te recomiendo que te pongas al día con los impuestos, cargas sociales y otras obligaciones fiscales. El hecho que no quieras hacerlo, no es responsabilidad del autor.

ADVERTENCIA:

Vas a encontrar en Internet a muchas personas que te van a vender métodos milagrosos donde, con sólo aplastar un botón, podrás gozar de una vida llena de lujos y sin trabajar por el resto de tu vida. El negocio de éstas personas consiste en vender métodos maravillosos a incautos. Te recomiendo analizar cada método propuesto y su viabilidad.

AFIRMACIÓN:

En esta guía te explicaremos paso a paso cómo funciona este modelo de negocio; además, te daremos todas las ligas y recursos para que puedas llevar a cabo tu proyecto de dropshipping.

GARANTÍA:

Este modelo de negocio te hará ganar dinero; si lo aplicas correctamente y si logras encontrar el nicho adecuado, ganarás mucho dinero. Sólo sigue los pasos y recomendaciones que te damos en esta guía.

RETO:

Invertir lo mínimo y ganar lo máximo en un mínimo de tiempo. Nosotros te decimos cómo. Tu voluntad de crear un ingreso harán la diferencia.

PRÓLOGO

Para una persona que acaba de comenzar su sitio web, su blog o su tienda en línea, el marketing de afiliación, o dropshipping, es la mejor manera de monetizar su proyecto web.

A muchas personas les funciona muy bien, ya que, con sólo un puñado de programas de afiliados logran hacer beneficios interesantes.

La mayoría de los programas y redes de afiliados te pedirán un sitio web con un dominio propio para poder utilizar su plataforma, ahora si no tienes sitio web, no podrás acceder a su programa de afiliados tan fácilmente; sin sitio web lo más probable es que la red de afiliados rechace tu candidatura.

Sin sitio web podrás acceder a algunos programas de afiliados, pero no podrás esperar ganar millones de monedas. En realidad no necesitas un sitio web para iniciar el marketing de afiliación, pero si quieres vender mucho y ganar dinero realmente, te sugiero que crees un sitio web.

Los sitios web no son tan caros como la mayoría de la gente piensa; si crees que necesitas miles de monedas para crear un sitio web, te equivocas, en realidad es infinitamente más barato que eso; además, un sitio web es una de las mejores opciones para crear un sistema de ventas automatizadas 24/24 hrs. Ideal para una Tienda en Línea.

Habría que analizar seriamente las razones por las cuales mucha gente intenta comenzar un programa de afiliados sin tener un sitio web. Tal vez sea una falta de recursos económicos. Pero, si las personas no pueden invertir unos cuantos cientos de monedas para iniciar un negocio en línea, estoy convencido que un proyecto de Comercio Electrónico es lo menos adecuado para ellos.

Tal vez les falte el conocimiento técnico y eso lo entiendo muy bien. No creas que me desperté un mañana y ¡VAMOS!, ya soy desarrollador web, no, este proceso tomó mucho tiempo, estudié y practiqué bastante.

Para facilitarte la tarea, te comento que en la Web hay muchos recursos y videos gratuitos que hablan de Wordpress, de su fácil manejo y de cómo puedes tener una Tienda en Línea con, realmente, muy poca inversión.

Te recomiendo utilizar esta plataforma o CMS (Content Management System o Sistema de gestión de contenidos) para crear tu Tienda en Línea en dropshipping.

Sin embargo, si quieres iniciar tu proyecto en línea y probar si vale la pena desarrollarlo sin tener que gastar muchas monedas, vamos a contestar tres de las de las preguntas que seguramente te harás:

¿Puedes comenzar tu proyecto sin recursos económicos? SI

¿Puedes comenzar sin un sitio web? SI

¿Ganarás dinero? SI

Esta será la primera etapa, si tu proyecto Web no cubre tus esperanzas, no pasa nada; no habrás gastado dinero y te puedes permitir volver a empezar sin que esto afecte tu presupuesto.

Pero si ves que tu concepto tiene futuro, entonces habrá que pensar en tener tu propio dominio y un sitio web en Wordpress para ver resultados más concretos y considerables.

EL DROPSHIPPING

Triangulación de envíos en español y dropship, drop shipping, dropshipping o drop shipment en inglés; es un tipo de venta al por menor donde el minorista no guarda los bienes en su inventario, sino que toma y pasa el pedido al mayorista, quien entonces despacha las mercancías directamente al cliente final.

FUENTE: WIKIPEDIA

El marketing de afiliación, o dropshipping, es un modelo de negocio en el que una empresa (advertiser o editor) paga comisiones a vendedores externos (publisher o afiliado) para generar clientes potenciales y así vender los productos que comercializa.

En pocas palabras, la empresa concede el derecho de venta de sus productos a terceras personas, a través de un enlace especial y paga una comisión si la venta se realiza.

Todos los que navegan en la web se han encontrado con programas de afiliación. Es posible que hayas visto un banner con una oferta comercial en un sitio web de noticias, que muestra un producto determinado y dice "haga clic aquí"; una vez que lo haces, tienes acceso a todo lo que se esté promoviendo.

También habrás encontrado un enlace en un correo electrónico donde, al hacer clic, accedes a la oferta de alguna marca. En cualquiera de estos casos, estás utilizando el programa de afiliación de alguien.

Cuanta más gente haga clic en alguna de las ligas propuestas, más dinero ganará el afiliado; sobre todo si la compra se realiza.

Revisaremos algunos casos específicos, veremos qué programas de afiliación son los más rentables y analizaremos algunos ejemplos.

El marketing de afiliación, o dropshipping, es muy simple; se trata de llevar a los internautas al sitio web del fabricante, de alguna tienda en línea o de alguna marca; cuando el prospecto hace clic en el enlace y realiza una compra, el afiliado recibe una comisión sobre la venta.

En algunos países, es considerado también un negocio en dropshipping cuando una empresa compra y guarda los productos en su almacén para comercializarlos en su circuito de ventas.

Esto lo hacen en lugares donde los compradores no pueden esperar dos semanas para que les llegue el producto.

Me explico, en un negocio de dropshipping clásico, el afiliado comercializa un producto en Francia, un cliente hace clic en la publicidad y lo compra, pero, la empresa se encuentra en China y el envío tomará entre dos días y una semana en llegar según la opción de envío que escoja.

Hay que saber que en el comercio electrónico en general, cuando el cliente hace su compra, ya es el dueño y muchas veces quiere que su producto llegue al día siguiente. Esto ha hecho que muchos afiliados, para ser más rápidos que la competencia, prefieran adquirir un cierto volumen de productos para que sus clientes reciban el artículo al día siguiente de la compra.

La lógica comercial impuso esa variante al concepto original.

En este eBook nos limitaremos a describir el modelo clásico de dropshipping en el que el afiliado sólo se preocupa en conseguir clientes para la empresa vendedora.

Además, me gustaría cumplir con el reto de probarte que puedes tener una tienda en línea sin invertir mucho dinero.

El secreto del dropshipping es, encontrar el medio adecuado, encontrar la oferta adecuada y encontrar el cliente adecuado proporcionándole valor agregado a tu propuesta comercial para que el Internauta haga clic en la oferta.

REDES DE AFILIACIÓN Y NICHOS

Existen diversas redes que te brindan oportunidades y comisiones interesantes en el marketing de afiliación que puedes utilizar para encontrar programas de afiliados interesantes.

Empecemos por ver sólo los clásicos, los más conocidos o los que habrás oído mencionar alguna vez en Internet.

Commission Junky

Permíteme hablarte de una red llamada Commission Junky; ésta es una de las más grandes en el mercado, No sólo para la audiencia en Latam, sino también, para el mercado de Europa, Asia y Estados Unidos. Éste programa de afiliados tiene ofertas realmente sorprendentes.

Te recomiendo hecharle un vistazo a esta red; tal vez te llame la atención inscribirte e ingresar a alguno de sus programas.

Amazon

Todos conocemos este Market Place, hasta hemos comprado algo en algún momento pero ¿sabías que puedes recomendar sus productos y ganar una comisión sobre la venta? Además, si el cliente que recomendaste compra no sólo el producto que le sugeriste, sino que, si también compra la funda, el soporte para colocarlo y otro producto asociado, también recibirás una comisión sobre esas compras.

Amazon tiene varias maneras de ganar dinero, no todas son conocidas; aquí sólo menciono su programa de afiliados (dropshipping) pues es el objeto de este eBook.

Ebay

Este Market Place funciona sobre la base de subastas y ventas. La ventaja que tiene eBay sobre Amazon, es que sus productos son más caros, lo que significa mayores comisiones.

Esta plataforma tiene su propio laboratorio donde buscan maneras innovadoras de vender y de crear productos para sus clientes.

Shopify

Aquí puedes crear una Tienda en Línea y vender los productos que quieras; pero también tiene un programa de afiliados donde reparten comisiones por cada venta que hagas de sus servicios.

Creas un artículo o un video sobre cómo hacer una tienda en línea y "sugieres" que la hagan en Shopify. Cada persona que acepte esta oferta te aportará una cierta cantidad de dinero.

Zoom

En periodo de contingencia muchas personas han utilizado esta plataforma para seguir trabajando. Este es el futuro del e-Learning (enseñanza) y del e-Working (tele-trabajo) y será cada vez más utilizado.

En el mismo registro que los ejemplos anteriores, Zoom también trabaja en dropshipping y su programa de afiliados es muy sencillo de manejar.

Cada nicho tiene su mercado

Estos son algunos ejemplos de empresas que trabajan en dropshipping; como puedes ver, son empresas grandes y algunas con una presencia en línea desde hace ya varios años.

Sin embargo, no son las únicas; existen varias generalistas que pagan muy buenas comisiones y otras temáticas que, en algunos casos, pagan comisiones mayores que las generalistas; estamos hablando de hasta el 50 o 70% sobre la compra.

Al final de este eBook, en el capítulo sobre *"Recursos"* se encuentran las ligas para acceder a todos estos programas y empezar a ganar dinero.

Como ya dijimos antes, algunas redes de afiliación son temáticas y, según su giro y el precio de sus servicios o productos, pagan en comisiones mas o menos interesantes.

Productos Digitales

En esta red de afiliación puedes encontrar muchos productos intangibles y servicios como SEO, Marketing y en algunos casos, alquiler de servidores.

Lo que los vuelve interesantes son las comisiones que pagan; son las más altas en Internet y, si tu temática en la tecnología, este tipo de empresas te convienen.

Te gusta hablar de tecnología, productos digitales, dispositivos móviles, Internet u otro tema similar, tendrás una buena oportunidad de trabajar en dropshipping con estos artículos.

El nicho de la tecnología es muy pequeño, por eso las comisiones son elevadas.

En el capítulos sobre "Recursos" encontrarás varias ligas que te llevarán directamente a los programas de afiliados de las empresas que trabajan con productos digitales en dropshipping.

Salud

Este es un nicho de mercado muy importante en varios países, si es el caso en el lugar donde resides, puedes explotarlo y ganar bastantes monedas.

Los recursos que te ofrecemos son sólo un ejemplo de las empresas que tienen un programa de afiliados; puedes encontrar productos interesantes, libros, aparatos y muchas cosas más en los Market Places generalistas como eBay, Amazon, Aliexpress, etc.

En Youtube encontrarás videos sobre ejercicios, recetas y estilo de vida que pueden ayudarte a promocionar tu tienda en línea. Busca los que estén publicados bajo la licencia Creative Commons; esto significa que puedes tomarlos, descargarlos y publicarlos en tu canal, siempre y cuando menciones el origen del video.

Si eres deportista, monitor o Maestro de algún deporte, tienes toda la vía trazada y podrás colocarte fácilmente en este nicho.

Viajes y Turismo

Otro nicho que paga comisiones muy buenas, no sólo por el porcentaje, también por los precios de sus productos.

Imagínate vender un vuelo que cuesta miles de monedas, aún con una comisión del tres o del cinco por ciento, tendrás un buen ingreso. Aprovecha.

Lo mejor de todo es que no necesitas tener una Agencia de Viajes con todo lo que comporta; licencias, local, personal, equipo, acuerdos con las compañías ni nada de eso.

¿Te gustan los viajes? ¿has viajado mucho y conoces varios lugares? Tu tienda en línea, tu canal en Youtube o tu blog pueden llevar como temática el turismo; podrás hablar de tu propia experiencia, de los lugares que desees visitar, de los viajes de otras personas y todo lo relacionado con ese tema.

Quiero que sepas que las empresas que venden cruceros también trabajan en dropshipping, así como los hoteles, las compañías aéreas, las que alquilan automóviles, algunas casas de huéspedes y otras empresas con las que puedes hacer acuerdos en particular si así lo deseas y una vez que ya tomaste tu camino.

También puedes trabajar en dropshipping una gran variedad de productos ligados a ese sector: casas de campaña, mochilas, cantimploras, aparatos fotográficos, ropa, barcos, artículos de pesca, libros especializados, artículos de playa, zapatos, lentes, maletas y todo lo que se te ocurra.

Puedes crear una tienda completa en dropshipping y alimentar tu contenido con artículos interesantes sobre viajes y turismo.

Productos financieros

¿Sabías que tu banco probablemente tenga un programa de afiliados? Es posible que no te hayas enterado, pero en algunos de los Market Places de los que hemos hablado o en portales dedicados al dropshipping si lo saben, es más, los comercializan.

Los temas que más encontrarás son los servicios bancarios, los seguros, forex, inversiones y criptomonedas.

Sólo incluí unas cuantas empresas, pero si estás en este ambiente podrás ampliar tu cartera de productos financieros en dropshipping.

Es un nicho de especulación y de alto riesgo; algunas empresas presentes en la Red lo saben y lo advierten desde la primera página; pero si es el tema que manejas, que te apasiona y del que quieres hablar, un blog es más que suficiente para que ingreses al mundo de los afiliados.

Puedes tener uno en Blogger con muchos recursos para trabajar el diseño como tu lo desees; el dominio te costará muy barato y tu tienda en línea tendrá un aspecto profesional, lo que hará que las empresas que ofrecen los programas en dropshipping te aceptarán entre sus afiliados.

Entretenimiento para adultos

Un nicho que genera varios miles de millones de dólares al año gracias a la demanda y a la gran variedad de productos que se encuentran en el mercado.

La lista de recursos que te pusimos al final del libro demuestra la importancia del mercado. Muchas empresas tienen sus propios portales de encuentros, erotismo, ropa, perfumes, juguetes para adultos y muchos productos mas; buena noticia, todos esos artículos se pueden vender en dropshipping.

Si el entretenimiento para adultos es tu tema, aquí tienes no sólo un mercado enorme, también tienes de qué satisfacer a tus clientes.

Un sitio web que hable de las novelas eróticas de grandes escritores puede ser un buen tema para vender artículos propios a este nicho. Verifica que las obras hagan parte del dominio público y que las fotos que publiques tengan la licencia Creative Commons (libre de derechos).

La lista de productos que puedes vender en dropshipping es infinita.

Casinos

El juego en línea siempre será un nicho donde cada persona que lo trabaje seriamente obtendrá ganancias.

Algunos programas de afiliación no sólo te proporcionan los elementos (scripts) para que puedas poner tu propio casino con juegos diversos; en ocasiones, te ponen el casino completo; tu trabajo será unicamente promocionarlo.

Todos tenemos la esperanza de ganar un premio y eso nos ilusiona. No todos jugamos pero hay muchas personas que no sólo viven de ese sueño, van a buscarlo directamente y qué mejor que los juegos de casino; es la manera más fácil.

Así pues, tienes un mercado llamado *"Ever Green"* (siempre en verde en referencia a las luces de los semáforos), es decir que siempre tendrás clientes; por esa misma razón la competencia es feroz. Las ofertas no faltan y tu creatividad podría hacer la diferencia.

En el capítulo sobre "Recursos" encontrarás una lista muy importante de empresas que gestionan casinos en línea y que ofrecen programas de afiliación muy interesantes.

¿Diversificarse?

A lo mejor te impresionaste al ver la gran cantidad de productos, artículos y servicios que se pueden vender en Internet, sin strock, sin producir nada, sin hacer facturas, sin tratar los envíos, sin preocuparse de las devoluciones y sin atender a los clientes, sólo promover tu tienda en línea o blog.

La primera cosa que les pasa por la mente a muchas personas es adquirir dos, tres o más dominios con temas diferentes y explotar varios nichos a la vez.

No te lo recomiendo; la promoción de una sola tienda en línea te llevará una buena parte del día, sobre todo al principio, hasta que encuentres tu ritmo y planifiques tus procesos. Ahora imagínate si tienes que promocionar dos o tres temas en nichos diferentes.

Necesitas mucho rigor, apuntar todos los códigos que te den las empresas para integrar en tu tienda en línea, llevar registros de lo que vendes en tu tienda virtual, de tu tráfico y de las actividades que realices para poder ajustar tu negocio poco a poco.

Puede ser un trabajo a tiempo completo pero, si lo llevas correctamente, si tu visión es crecer, aquí tienes una gran oportunidad.

Hace unos años trabajé en una tienda en línea que vendía todos sus productos en dropshipping. Ellos

19

no producían nada y empleaban siete personas a tiempo completo.

Yo trabajaba en el posicionamiento y el tráfico de la tienda y créeme que posicionar en los buscadores una tienda en línea con productos propios y una en dropshipping, es el mismo trabajo.

MODOS DE PAGO

La comisión se paga de diferentes maneras según la compañía a la que estés afiliado. Te pueden pagar por impresión, por clic, por cliente potencial o por venta. Cuanto mayor sea la probabilidad de una venta, mayor será tu comisión.

Veamos algunas de las formas de pago más comunes en los programas de afiliación:

Pago por impresión

También conocido como "pago por mil"; esto quiere decir que vas a recibir una cierta cantidad de dinero por cada mil veces que se muestre el anuncio de alguna marca.

Este estilo de pago, fue muy común en el programa Adsense de Google, del que puedes poner anuncios publicitarios en tu sitio web, pero también es el tipo de remuneración que utiliza Youtube, cuando logras monetizar tu canal en esta plataforma.

La marca te va a pagar según la cantidad de veces que se muestre el banner del anunciante en tu sitio web. La cantidad que pagan es por lo general pequeña, pero es fácil de ganar ya que cada vez que un visitante carga la página, ganas dinero. Cuantos más visitantes lleguen a tu sitio, más ganarás.

Este tipo de pagos les conviene a portales en línea que generan mucho tráfico.

Pago por clic

Cuando no tienes tanto tráfico como para ser remunerado con el método anterior, puedes optar por este tipo de pago, que consiste en ser remunerado por cada clic que se haga en el banner o liga que le propongas al Internauta.

Con este método solo se paga cuando los visitantes hacen clic en el banner del anunciante en tu sitio web. Por lo general los pagos son más interesantes que el programa de pago por impresión.

Obtendrás muy buenos resultados si seleccionas los banners cuidadosamente para que sean atractivos a los ojos de tu público objetivo.

Existen nichos muy interesantes como los seguros y las ayudas de urgencia mundial.

El programa Adsense de Google paga por cada clic que el Internauta hace en el banner, por ejemplo, lo que hace que puedes tener remuneraciones que te permiten pagar tu servidor y tu dominio.

En una de las Agencias donde trabajé, conocí a algunas personas que, cada vez que había una catástrofe en un país lejano, creaban una página web sencilla con un dominio estilo "ayudapaislejano.com" y ponían anuncios publicitarios de la cruz roja, médicos del mundo u otros.

Cada vez que un visitante llegaba a su página y hacía clic en el banner, el colega recibía un euro.

En base a eso, intenté hacer lo mismo para entender el sistema y eso me pagó el servidor y el dominio de otro proyecto durante un año.

En los Estados Unidos, el mundo de los seguros es muy feroz y pagan bastante bien por cada clic; estoy hablando de hasta cinco dólares el clic. Evidentemente la temática del portal web debe estar desarrollada en inglés.

Pago por venta

Esta forma de pago resulta muy interesante en algunos programas de afiliación donde las comisiones son muy elevadas. Hablo del orden del treinta y hasta del cincuenta por ciento para ciertos productos.

Algunos portales de alojamiento web, por ejemplo, pagan alrededor del cincuenta por ciento de lo que compre el internauta, sabiendo que un dominio cuesta ocho dólares, por el más barato; a eso le podemos agregar el alquiler del servidor que cuesta alrededor de sesenta dólares por año.

El Pago por Venta es el modelo que más se utiliza en el dropshipping.

Hay que tener cuidado con el programa de afiliados al que te inscribiste y la temática de tu sitio web. No vale la pena poner anuncios que te remuneran 50% de lo que compre el Internauta, si tu portal web habla de cosas que no tienen nada que ver con los anuncios. En este caso estás fuera del nicho.

Por ejemplo, si tu temática son los perros y pones anuncios de servicio de alojamiento web, no tendrás muchos clics.

El afiliado gana dinero sólo si los visitantes hacen clic en el banner y compran el producto o servicio que se anuncia.

¿Cómo se realizan los pagos?

A menudo y para evitar el desperdicio de recursos en la emisión de cheques por cantidades muy pequeñas, los anunciantes optarán por guardar el dinero hasta que se reúna una cierta cantidad; entonces procederán al pago.

Es legal y normal en el mundo de la afiliación.

Una vez que llegues a una cierta suma podrás solicitar que depositen el dinero a tu cuenta PayPal o a tu cuenta bancaria, si la plataforma lo permite.

Te repito, ponte al corriente con tus obligaciones fiscales, no dejes de hacerlo pues, si el organismo recaudador se da cuenta que tienes ingresos de un negocio en línea, sin declarar, puede multarte de manera muy severa.

¿Cómo identifican a mis clientes?

Cada banner o enlace de afiliado en el que hace clic un visitante tiene algún tipo de código agregado a la URL; el código es único y es la firma, de cierta manera, de la persona que realiza la venta.

Por eso, cuando hablábamos de que el dueño de una marca "autoriza" a una persona a comercializar sus productos, en ese momento le atribuyen un número de identificación único, este número permitirá identificar a los clientes que lleguen de su parte. Este número le distingue de los enlaces de otros afiliados.

El medio más común para rastrear enlaces de afiliados es mediante "cookies". Las cookies son pequeños archivos que tu navegador (Chrome, Safari u otro) almacena en tu computadora cuando haces clic en un enlace de publicidad.

En la mayoría de los sitios web se generan cookies para darle seguimiento de los visitantes.

De esta manera, pueden "recordar" lo que compró el Internauta, o las partes del sitio por donde navegó el visitante durante su estancia.

Cuando la persona visita el portal nuevamente, la empresa ya sabe todo sobre su ahora prospecto: dónde estuvo, quién lo dirigió a la tienda en línea (importante para que te paguen), qué páginas visitó, qué productos le interesaron mas y muchos datos asociados según el tipo de cookie.

Esto nos ayudará a entender mejor, si el visitante encuentra una camisa verde hermosa, se quedó un tiempo leyendo las características, la talla, el corte, la marca y otras cosas, esto quedará registrado en el cookie.

Cada vez que el Internauta cambie de página verá que le sale un anuncio publicitario mencionando la hermosa camisa verde a un precio sumamente interesante.

Sólo a manera de información; Google sabe leer los cookies de otros portales web y de otras tiendas en línea; cuando nuestro visitante llega a un blog de camisas, si tiene anuncios de su programa llamado Adsense, entonces, el mismo Google le presentará sus propias ofertas de camisas verdes hermosas.

Es injusto, pero es la lógica comercial. El Internauta será tu cliente o será el mío.

Por eso te recomiendo que tu banner o tu propuesta comercial sea tan clara y atractiva, que el Internauta compre en el portal de quien te paga una comisión sobre las ventas y no en otra tienda donde ni siquiera saben de tu existencia.

Para un fabricante, el cookie registra información sobre el visitante, la persona que lo recomendó y cuándo realiza la venta.

Como algunos usuarios bloquean o eliminan los cookies, ciertas empresas optan por otros métodos legales que se utilizan para rastrear las referencias del Internauta. Por ejemplo, algunos utilizan scripts basados en códigos CGI relacionados con el número de afiliado, los enlaces URL y los algoritmos de comparación de bases de datos.

En resumen, todos los enlaces que pongas a disposición de tus clientes, llevarán un número de identificación único que te permitirá recibir tus pagos.

ENCONTRANDO EL MEDIO ADECUADO

Los medios para hacer que las ofertas lleguen a los clientes son muy diversas y realmente eficaces.

eBook gratuito

Este es un clásico del dropshipping; consiste en regalar un informe, un método o un estudio muy completo, que le sea útil al Internauta, que le resuelva un problema o que responda a una duda.

Cada vez que hables de un producto agregas una liga de afiliado; por ejemplo, si tu temática es la fotografía, creas un eBook gratuito que habla de la importancia de la luz para lograr un efecto en particular.

Al final de cada página propones tu producto en dropshipping, como lámparas, dispositivos para medir la luz, cámaras fotográficas y otros artículos propios a este tema.

Evidentemente, el eBook lo distribuyes por todo medio que se te pueda imaginar, lo publicas bajo la licencia Creative Commons (sin derechos de autor, pero dejando intactas las menciones legales) y les pides a los Internautas que lo compartan.

Youtube

Muchas personas crean un video que habla sobre un artículo o servicio en particular; puede ser ropa, muebles, maquinaria ligera, artículos para el hogar, libros, formaciones en línea y muchas cosas más.

En el descriptivo del video te propondrán una liga que, en realidad, es una liga de afiliado. Si haces clic y realizas una compra, el youtuber en cuestión recibirá un porcentaje sobre la compra.

El conocido youtuber PewDie Pie fué criticado cuando quiso vender un sillón tendencia, de esos que usan los youtubers a un precio muy elevado, del orden de muchos miles de dólares. Ignoro cuántos vendió.

Facebook

Es el mismo principio de Youtube, sólo que debes jugar más con la parte diseño del video para poder atrapar la atención del público.

En el descriptivo debes incluir tu liga de afiliado en los primeros docientos caracteres, de esta manera será siempre visible para los que miren tu video.

Tu propia Tienda en Línea

Si tu proyecto web ya está indexado en Google, puedes usarlo para proponer productos en dropshipping; para ello creas un artículo bien documentado, multimedia, interactivo y todo lo que quieras, pones banners del producto que quieras vender y propones ligas de afiliado.

Si escribes tu artículo sobre el producto a la venta, mejor aún, los Internautas te agradecerán por la información y es probable que hagan clic en tu banner y realicen una compra.

Cursos gratuitos en línea

Existe un fenómeno extraño, cuando regalas algo, sobre todo si se considera de mucho valor, la persona que lo recibe tiene un sentimiento de *"le debo algo"*, así que cuando regalas un curso en línea, el Internauta hará clic en los otros cursos que le propongas, aún si no son tuyos.

Mejor aún si son cursos creados por otras personas y más si son de pago pues, seguro estarás inscrito en el programa de afiliados de la plataforma de enseñanza en línea y percibirás un porcentaje sobre la venta.

ENCONTRANDO LA OFERTA ADECUADA

No es necesario que desarrolles productos, ya están en el mercado. Todo lo que tienes que hacer es elegir el mejor producto, artículo o servicio que se encuentra en Internet.

No necesitas gastar dinero en almacenar algunos productos. Tampoco necesitas tomar o procesar un solo pedido, o preocuparte por los pagos de los clientes, ni de la facturación.

No tienes que enviar el producto por correo, los productores lo hacen; tampoco tienes que ofrecer atención al cliente.

Sólo tienes que comercializar los productos de la marca. Punto.

Es Gratis

Los programas de afiliados suelen ser gratuitos.

Al principio puedes administrar tu negocio de afiliados a tiempo parcial para hacerte un poco de dinero extra y al mismo tiempo dedicarte a otras labores.

El marketing de afiliación es un juego de paciencia porque lleva tiempo obtener resultados que te permitan dedicarte a tiempo completo.

Tómalo como un pasatiempo secundario, al menos al inicio, después verás que, trabajando dos o tres horas al día, crearás un activo del que obtendrás beneficios más adelante.

Para encontrar el producto ideal debes navegar por las tiendas en línea y los Market Places, así podrás irte dando cuenta del número de ventas de cada producto y de la frecuencia con que lo encuentras en Internet.

Escoge el tema en el que te sientas cómodo, pero no escojas los productos que te gusten; lo más probable es que sólo a ti te encante ese pantalón verde con las bolsas amarillas y el dobladillo rojo.

Más adelante verás cómo encontrar tu nicho ideal; con ese mismo método podrás encontrar los productos más buscados por los Internautas en la Web, de acuerdo a tus objetivos.
Apégate a las tendencias, no intentes ganarle a los gustos de los Internautas; ellos son muy volátiles y caprichosos. Puedes perder muchas ventas.

Google Trends te puede orientar sobre lo que realmente buscan en la Web; al consultar este servicio, te puedes llevar muchas sorpresas.

Por ejemplo, yo no sabía que Batman es más popular que Superman en Gabón. Vender camisetas con el logo de Superman en Gabón no sería un buen negocio.

ENCONTRANDO EL CLIENTE ADECUADO

El prospecto se encuentra en línea; sólo hay que ir a buscarlo y convencerlo de comprar el producto que tenemos en dropshipping para que podamos ganar dinero. Suena fácil ¿verdad?

Los métodos que proponen los sabios Gurús de Internet, hablan de una operación SEO profunda en optimización.

Yo mismo trabajé muchos años como SEO y se que eso nos llevará un tiempo mas o menos largo. Pero también se que tienes prisa y quieres ver a tus clientes llegar ya.

Implementar una estrategia SEO podría fastidiarte pues, lo más probable es que aún no conozcas sus alcances.

El SEO te va a dar visitas a mediano y largo plazo, lo mejor de todo es que van a durar y su efecto se va a prolongar durante un buen tiempo.

Por eso te pido que apliques las técnicas SEO rápidamente; de esta manera el SEO tomará el relevo de cualquier método rápido que utilices como las ligas patrocinadas (Adwords).

De una manera u otra, necesitas desarrollar un negocio orientado al cliente; la automatización de tareas te va a permitir dedicarte al bien más precioso con el que cuenta tu tienda en línea: Los Clientes.

Por otro lado, muchos propietarios de pequeñas empresas le dedican demasiado tiempo a un sólo cliente pensando que esto les permitirá hacer más negocios. Esto puede que no sea rentable pues, la persona llega, se informa y eventualmente compra. No viene a hacer amistad con el propietario del sitio web.

En algunos negocios es mejor tener menos clientes que gastan más dinero, lo que puede resultar más lucrativo y satisfactorio, que tratar de complacer a todos los visitantes de tu tienda en línea.

El mailing

Este método es el mejor que existe para dar a conocer tu oferta, resulta barato, sencillo y muy eficaz.

Básicamente envías emails con una liga, esta lleva a una página de aterrizaje, o página de ventas, donde hablas del producto y al final propones un banner cliclable que tiene tu liga de afiliado.

En el eBook *"Vende en Línea"* explico en detalle y paso a paso todo el proceso.

También tienes el eBook *"Cómo Crear un Negocio desde Casa"* donde, no sólo te explico el proceso completo sino que, además, tienes ligas que te llevan a videos exclusivos sobre cada una de las etapas.

Como bonus te explico cómo crear eBooks, en detalle y paso a paso, para que puedas crear un ingreso pasivo.

TU PROPIA TIENDA EN DROPSHIPPING

Detengámonos un momento para analizar este tema; si, es posible tener una tienda en línea con puros productos en dropshipping.

El primer paso es encontrar tu nicho o el tema de tu negocio, si prefieres.

¿Qué vas a vender?

Para inspirarte ingresa al servicio "Trends" (tendencias) de Google, aquí vas a encontrar los temas que más buscan los Internautas en la Web: https://trends.google.es/

Si quieres ir más lejos, el servicio de "Key Word Planner" te será muy útil: https://ads.google.com/

Una vez que encontraste un tema muy buscado y donde te sientas bien, busca una palabra clave que tenga *mucha demanda y poca competencia. Ese es tu nicho de mercado.*

El plan de negocio

El siguiente paso es crear tu plan de negocio ¿qué? ¿cómo? ¿con quién? Son algunas de las preguntas que debes responder para que tu plan quede lo más completo posible:

¿Qué voy a vender? ¿cómo lo voy a vender? ¿en qué Market Place voy a encontrar los productos? ¿qué comisiones voy a percibir? ¿cómo me van a pagar? ¿cuánto quiero ganar? ¿qué medios voy a utilizar para promover mi tienda en línea? ¿utilizaré Facebook, Youtube, twitter u otro medio? ¿cómo veo mi negocio dentro de un año?

Cuando puedas responder a estas preguntas y a las que surjan, entonces podrás crear tu plan de negocio.

Financiero y Legal

La siguiente etapa es la creación de una cuenta en PayPal; tus pagos llegarán ahí y podrás vincular fácilmente tu cuenta bancaria para que puedas recuperar tu dinero.

En esta etapa, empieza informarte sobre las cuestiones legales de tu empresa, habla con algún contador, busca los servicios de impuestos de tu localidad para que te orienten sobre tus obligaciones fiscales, verifica que tu banco tiene un servicio que pueda vincularse a PayPal, etc.

No busques saltar esta opción, las consecuencias son muy importantes y las multas son enormes.

El comercio electrónico está regido por las leyes de la edición, tu serás responsable de lo que se publique en tu Tienda en Línea.

Busca siempre imágenes que puedas explotar libremente (Creative Commons) y no trates de plagiar a otros autores, ni siquiera publicaciones escritas en otros idiomas, las multas son de varios miles de monedas.

Si haces lo correcto nada de esto te sucederá y te evitarás muchos disgustos.

Vamos a construir la tienda

Puedes crear tu proyecto en Sites.Google, en Blogger o en Worpress si no quieres invertir muchas monedas. Cualquiera de estos servicios son gratuitos, manejan una tecnología similar y son muy fáciles de utilizar.

Una cuenta de correo electrónico (te recomiendo Gmail) y un número de teléfono son suficientes.

Si quieres que tu tienda en línea parezca "seria" y que la consideren así tus clientes o las empresas a las que les vas a solicitar ingresar a su programa de afiliados, te recomiendo comprar un dominio propio.

Te va a costar muy barato, sólo unos cientos de monedas por año. Lo siento, este es un gasto necesario, además de la compra de este eBook.

En el servicio que escogiste para tener tu tienda puedes adquirir el dominio propio; en Blogger, en Google o en Wordpress lo puedes hacer; además, lo integran fácilmente a tu proyecto.

Toma tu tiempo para crear el diseño de tu tienda en línea; busca colores sobrios, que no den miedo o que hagan que tu portal parezca piñata.

Si no sabes nada de diseño, no pasa nada, opta por una de las plantillas predeterminadas en cualquiera de los servicios donde tienes alojada tu tienda. Muchas de ellas son gratuitas.

Los Partners

Es momento de escoger con quién vas a trabajar. Busca algún Market Place en la lista que te propongo al final de este eBook. La lista es impresionante y creo que si vas a encontrar alguno que te guste.

Envía la solicitud a dos o tres "Partners"; las ligas directas están en el descriptivo de cada Market Place en el capítulo "Recursos". Las ligas están sin número de afiliado para que no pienses que te quiero sacar unas cuantas monedas más.

Importante: Verifica en las condiciones generales del Partner si acepta que vendas productos de otros Partners, es importante para que no te cancelen la cuenta.

Cuando te envíen un mensaje donde te confirman que estás aceptado, ingresa a la sección de afiliados y busca las ofertas y los productos que más te interesen para poner en tu tienda en línea. Qué emoción, no los tienes que comprar, al contrario, recibirás una comisión por cada venta.

El Partner te va a dar un número de afiliado, ese debe figurar en la URL para que identifiquen a tus clientes, si no lo haces vas a trabajar gratis.

Otra cosa que vas a encontrar son los banners, veras varios modelos y tamaños. Sólo toma el código que te proponen e intégralo en la página donde vas a escribir sobre ese producto, el banner va a aparecer sin que tengas que hacer nada más.

En tu tienda crea un artículo o entrada por cada producto que propongas a la venta.

Wordpress y Blogger ponen siempre la página principal con las entradas que publicas, no la cambies, eso te servirá a manera de catálogo. Van a tomar la "Imagen destacada" para acompañar el texto de la entrada.

Si los Partners no te proponen a disposición fotografías del producto para poner como imagen destacada, busca en Internet y toma las del fabricante, es legal pues estás vendiendo sus productos.

Si quieres integrar videos, busca también los del fabricante. Los videos oficiales y los que están bajo licencia Creative Commons los puedes utilizar sin problema.

Pon todos los productos que desees, siempre y cuando lleven una cierta coherencia con el tema de tu tienda en línea.

Piensa que los Internautas van a llegar y rápido se van a percatar si les gusta o no tu tienda. Es cruel pero es la ley del mercado.

Toma tu tiempo para presentar cada producto como si tu lo hubieses fabricado. Aprópiatelo.

Tu proyecto ya está tomando forma. Felicidades.

PROMOVER LOS PRODUCTOS

Es indispensable concentrar el 20% de tu esfuerzo en crear contenido interesante y el 80% del tiempo en el marketing y la comunicación.

Es aquí donde todos los principiantes salen mal. Piensan que crearán un artículo increíble y por el sólo hecho de publicarlo, los Internautas se van a precipitar a su sitio web. Esto no funciona así.

Centra tus esfuerzos en el 20% de tu tiempo para crear contenido; con eso no quiero decir que hagas contenido mediocre, al contrario, crea contenido multimedia, documentado, interesante, útil y pertinente.

El resto del tiempo, dedícaselo a la comunicación y al marketing.

La importancia del SEO

Es importante saber que, para ganar dinero a través del marketing de afiliación, necesitas convertirte en un maestro del SEO.

La optimización de tu proyecto web, blog o tienda en línea para los motores de búsqueda es la clave. Tienes que aprender los matices, tienes que aprender todo sobre la optimización para los buscadores.

Cuantos más artículos se coloquen en las primeras páginas de los resultados de búsqueda en Google, Bing, Yahoo, Yandex o cualquier otro, más dinero ganarás.

Puedes hacer esto creando un sitio web de autoridad basado en nichos.

Por ejemplo, digamos que si te encantan los perros, entonces puedes crear un sitio web basado en perros e integrar todas las palabras clave relacionadas con perros.

Esta es una manera de obtener que tu sitio web quede clasificado en los resultados de búsqueda. Así pues, cuanto más tráfico ingrese a tu sitio web, más productos relacionados con los perros podrás vender a tus visitantes.

Tus artículos hablarán, por ejemplo, sobre perros, sus cuidados, su educación, su entretenimiento y mil cosas mas. Evidentemente, los programas de afiliados a los que te vas a inscribir llevan la misma temática y propondrás a la venta productos alimenticios, de cuidado y juguetes destinados a los perros.

¿Cuál sería el secreto para que los Internautas compren?

Todos los días la gente busca ayuda para tomar decisiones.

El contenido que pondrás en tu Tienda en Línea, en tu portal web o en tu blog debe ser lo suficientemente convincente como para que el visitante haga clic en la liga o el banner que le propongas.

Si el Internauta hace clic en el banner, es que está interesado en el producto que le propones, entonces existen muchas posibilidades que la venta se realice.

El prospecto ya va motivado.

Redes Sociales

Si haces una campaña en Redes Sociales, tienes muy poco margen pues, en algunos casos y Facebook es el mejor ejemplo, sólo tendrás 200 caracteres visibles; eso equivale a un párrafo de dos líneas.

Una foto bonita con un descriptivo corto podría funcionar muy bien. En esa Red Social los visuales tienen mayor impacto que el texto puro.

Es sabido que en las Redes sociales se crean grupos y que estos, bajo el anonimato de su dispositivo móvil, son muy crueles. Las críticas hay que tomarlas con calma y recibirlas para mejorar tu propuesta comercial.

Escoge bien tus grupos

Los grupos de ventas son muy buenos para proponer todos tus productos en dropshipping, sólo publica una foto del fabricante, parte del descriptivo del mismo fabricante y tu liga de afiliado. Ni siquiera deben pasar por tu página de ventas ni por tu tienda en línea.

No los hagas ir de un lugar a otro, se pueden confundir y no saber dónde comprar el producto que quieren adquirir. Ese cliente estará perdido.

La liga que publicaste en el grupo los va a enviar directamente al producto y, si la venta se realiza, obtendrás tu comisión sobre la venta. Es todo.

Los grupos sobre negocios en línea o sobre ventas pueden tener su utilidad.

En estos grupos probablemente no te compren, pero, puedes encontrar a otros profesionales que ya tienen un circuito o que conocen otras maneras de vender que te pueden ser muy útiles.

Si logras entrar a una "tribu", créeme que tus ventas se van a disparar y tendrás que ir proponiendo cada vez más productos en tu catálogo.

Recuerdo muy bien que un cliente tenía pocos seguidores, su giro eran los productos naturales. Le hice su página en inglés y me conecté con grupos de "Salud y Bienestar". Una persona dio su opinión en la página de mi cliente y todos sus amigos vinieron a ver de qué se trataba esta página.

Los miembros crecieron de una manera increíble y sus ventas aumentaron bastante.

Al analizar el fenómeno, nos dimos cuenta que la persona que hizo el comentario era la administradora de un grupo muy importante y los miembros de ese grupo fueron a visitar la página de mi cliente en masa.

Esa situación no es rara, sólo hay que conectarse con la tribu correcta.

Los grupos de ventas de Facebook son muy buenos, así como la posibilidad que ofrece de poner una tienda, en Instagram puedes poner también una pequeña tienda; Twitter está bien para conectarte con otros profesionales, lo mismo que Linkedin (por cierto, también tienen un programa de afiliación que se encuentra en el capítulo "Recursos") y Youtube es ideal para promover tus ventas.

Ya tienes tu circuito para promover tus productos en dropshipping. Felicidades.

EL VIDEO COMO SOPORTE DE VENTA

Aquí tenemos el mejor conducto para vender en dropshipping; esa es la manera en que venden la mayoría de los drop shippers en cualquier parte del mundo.

El proceso para llegar ahí es el siguiente:

Creas un blog, una página de ventas con dominio propio, una tienda en línea o lo que quieras. Esto servirá para que las empresas y marcas acepten que ingreses en su programa de afiliados.

En tu tienda en línea, vas a publicar los banners y a proponer las ligas con tu número de afiliado. El todo estará acompañado con un texto o, mejor aún, un artículo completo sobre el producto, con infografías, testimonios, explicaciones detalladas sobre su utilización y fotos de personas felices que han *resuelto su vida*" gracias al producto que les propones.

Necesitas un video para terminar de crear tu propuesta multimedia.

El mejor método es crear un power point o, si no tienes este programa, utiliza el que se encuentra en línea en Google Documents; el resultado será el mismo.

Tomas tu laptop, lanzas la animación desde Google Drive, ésta correrá en pantalla completa. Ahora sólo tienes que grabar tu pantalla con un programa como Camtasia y comentar la animación.

Ya está listo tu video para subirlo a plataformas como Youtube, por ejemplo.

En el descriptivo del video pones la liga de afiliado que llevará a los Internautas directamente al producto que quieres vender.

Sólo queda promover el video en otras Redes Sociales, en portales especializados que publican notas de prensa, en otros blogs, en tu propia Tienda en Línea, etc.

Recuerda la regla de 20/80: 20% para crear tu contenido y 80% para comunicar.

No olvides poner tu liga de afiliado entre los primeros 200 caracteres para que estés seguro que será visible rápidamente.

Lo mejor de todo es que este mismo video en Youtube puedes integrarlo en tu blog, en tu portal web y hasta en tu Red Social favorita.

Todo lo que acabo de describirte es GRATIS; no tienes que gastar nada, sólo lleva un poco de tiempo al principio pero, después de algunas pruebas y errores, descubrirás que podrás hacer videos cada vez más rápido.

¿No eres bueno para el diseño?

No importa, sólo pon en tu buscador favorito "plantillas power point para video gratis", ya verás que hay muchos resultados. Sólo queda escoger la que más te guste y subirla a Google Drive como modelo de plantilla.

INVERSIÓN MÍNIMA, GANANCIA MÁXIMA

En todos los apartados intentamos darte soluciones gratuitas y en línea para que puedas crear tu propia página de ventas, tu propio blog o tu Tienda en Línea en dropshipping.

Los programas de afiliados, ya vimos, son gratuitos.

Si sigues todos nuestros pasos, tu inversión será muy pequeña o no tendrás inversión alguna. Por ejemplo, en Blogger puedes hacer un blog gratuitamente, puedes usarlo para vender en dropshipping sin ningún problema; si quieres que parezca más profesional, sólo compras, ahí mismo, un dominio en punto com o en punto xyz y Blogger lo integra fácilmente a tu blog.

El dominio te costará entre siete y diez dólares, según la extensión que escojas. Pero puedes trabajar con el dominio de Blogger sin problema si no quieres adquirir un dominio.

El reto y el objeto de este eBook, es llegar a invertir lo mínimo para ganar lo máximo en el menor tiempo posible. Todo depende de ti y de tu voluntad de hacerlo. Yo sólo te digo cómo.

RECURSOS

La ligas y los programas de afiliados que a continuación te presento son sólo un ejemplo de lo que podrás encontrar en la Web.

Hay suficientes como para que encuentres los productos, artículos o servicios que vas a vender en tu tienda en línea.

No creas que olvidé algunos sectores que trabajan también en dropshipping, es a propósito que no los incluí para no confundirte con demasiados temas y programas de afiliados.

Para la moda, por ejemplo, me llevaría un eBook completo describirte el modelo de negocio y sus posibilidades en el dropshipping.

La venta de autos, barcos y motos es un mundo aparte donde también tienes comisiones muy importantes, sobre todo si tu tema es el lujo.

Los bienes y raíces tampoco están en esta lista; al igual que la moda, necesitaría un eBook completo para describirte cómo funcionan sus programas de afiliados.

El sector del lujo es Ever Green a pesar de las crisis y de los incidentes mundiales; los programas de afiliados son aún más estrictos y aceptan pocas personas.

Además, en estos cuatro sectores necesitarías invertir unas miles de monedas pues su modo de funcionamiento es muy diferente y su público objetivo aún más volátil que el de los temas que tratamos en este eBook.

La Guía del Dropshipping se pretende directa, con recursos gratuitos o de poca inversión y lo suficientemente útil como para que puedas poner tu tienda en línea lo más pronto posible.

Con cualquiera de los sectores que descubrirás a continuación, podrás crear una tienda completa, tal y como te lo describimos en un capítulo anterior.

Última recomendación, trata los productos como si tu mismo los hubieras creado, busca artículos o servicios donde te sientas cómodo y te recomiendo que seas contante en tu proyecto.

Esto te llevará al éxito en tu Tienda en Línea en Dropshipping

MARKETING DE AFILIACIÓN

En esta lista encontrarás varios Market Places donde puedes inscribirte y empezar a promover sus productos una vez admitido en sus programas de afiliación.

Verás que también se encuentran los más famosos como Amazon, eBay y otros mas. Otros son conocidos pero sus programas de afiliación lo son menos, tal es el caso de Zoom o de Linkedin.

Commission Junky es uno de los más populares en el mundo del dropshipping, así como ClickBank, sin embargo la mayoría de los sitios web prefieren monetizar sus páginas con Taboola.

Esta no es una lista definitiva, aún se pueden encontrar otros programas de afiliación en línea, pero eso ya es tarea de cada quién.

Lista de Market Places:

Adblade   -
https://www.adblade.com/registration/publisher-signup
Su red se integra a la perfección con cualquier diseño para ofrecer a tu audiencia una experiencia de usuario de alta calidad. ¡Comienza a ganar CPM!

Ad Cash - https://adcash.com/
Su plataforma permite a los anunciantes llegar a audiencias globales y, a los editores, monetizar el tráfico web con un mínimo esfuerzo.

AdCombo - https://adcombo.com/
Es una red de asociados de clic por acción (CPA) que te permite personalizar las campañas de promoción para conectar a tu público objetivo en todo el mundo.

Adsense - https://www.google.com/adsense/start/
La antigua plataforma Google Affiliate Network, era una plataforma de pago por acción. Para ingresar, había que estar dado de alta en una cuenta de Google AdSense para manejar los pagos y publicar anuncios en el blog o sitio del afiliado. Hoy en día solo queda Google Adsense

Adterra - https://adsterra.com/referral/
La razón MÁS GRANDE para inscribirse en el programa de afiliados de la red Adsterra es que puedes ganar el 5% de los ingresos generados por los clientes durante toda tu VIDA.

Advertstream - https://adthink.com/publishers/
Su uso práctico y la variedad de publicidad (desde la afiliación a casinos hasta el clásico CPC) la convierten en una agencia de publicidad interesante para todos.

AffiBank   -
https://www.affibank.com/members/affiliates/
Affin Bank es una subsidiaria de propiedad absoluta

de Affin Holdings Berhad, vinculada a las Fuerzas Armadas, que cotiza en Bursa Malasia. Comenzó sus operaciones en enero de 2001 luego de una fusión entre el antiguo Perwira Affin Bank Berhad y BSN Commercial Berhad en agosto de 2000. Anuncian 75% de comisiones sobre las ventas.

Affilipub - https://www.afiliapub.com/es/
Esta es una agencia de publicidad generalista que ofrece una gran variedad de publicidades. CPL y otros tipos de afiliaciones disponibles, como pagos por clic o pagos por visualización.

Alidropship - https://alidropship.com/
El programa de afiliados de AliExpress. Inicia tu propio negocio de dropshipping de la manera más fácil. Sus soluciones son interesantes para todo tipo de negocio; ya sea que desees construir tu propia tienda desde cero o que su equipo de expertos cree una para ti. Precios correctos en cualquiera de estas dos opciones.

Allo-publicité - http://www.allo-publicite.com/site/
Esta plataforma es una red publicitaria basada en CPC y CPM

Amazon - https://affiliate-program.amazon.com/
Amazon Affiliate Program es una red increíble que ha ganado una inmensa popularidad gracias a su navegación y su fácil utilización. Este programa es adaptable, se pueden comprar muchos productos a través de Amazon, lo que permite que sus enlaces y anuncios destaquen frente a otros por la gran variedad.

Avantlink - http://www.avantlink.com/
Esta empresa se enorgullece de mantenerse a la vanguardia de los aspectos tecnológicos de la industria. Están constantemente actualizando y mejorando su servicio, además de ofrecer nuevas herramientas y funciones en su plataforma.

Awin - https://www.awin.com/es
Nuestra red global de marketing de afiliación incita a anunciantes y afiliados de todo tipo o giro, a crecer en sus negocios online.

Button - https://www.usebutton.com/
Es una empresa de comercio de alto nivel que se especializa en marketing para dispositivos móviles. Trabajan en un modelo ganador de optimización del rendimiento y sistemas de recompensas que recopilan información del historial de compras del consumidor.

Clickbank - https://www.clickbank.com/affiliate-network/
Si comercia con productos digitales, la red de afiliados de Clickbank es sin duda la mejor opción para su programa de afiliados. Con su paquete de comisiones increíblemente lucrativo, esta red asegura al menos del 50% al 70% de comisión en cada venta.

ClixGalore - https://www.clixgalore.com/
ClixGalore ofrece diferentes tipos de programas a sus clientes, incluidos Pay Per Lead, Pay Per Sale, Pay Per Impression y Pay Per Click.

Commission Junky – https://www.cj.com/
Esta es una de las redes más grandes de afiliación en el mundo. Aquí puedes encontrar productos a la venta para tu portal web (poco importa tu giro), para tu blog o para tu Tienda en Línea.

Shut me Loud - https://www.shoutmeloud.com/commission-junction-best-place-for-affiliate-marketer.html
Una pequeña guía para principiantes. Aquí les muestran cómo utilizar Commission Junky, paso a paso. Página en inglés.

Traductor Google - https://translate.google.com.mx/?hl=es
Para los que me salen con que no hablan inglés.

Dreamstore - https://www.dreamstore.ch/
Plataforma de afiliados en marca blanca que ofrece más de 2.500 productos de calidad. Tiendas fáciles de configurar y alta remuneración.

eBay - https://partnernetwork.ebay.com/
Si no has oído hablar de eBay, probablemente te hayas escondido en una cueva durante un par de décadas. Algunas personas no saben que eBay hace marketing de afiliación, ¡pero lo hace! Con un servicio excelente y completo, ¡realmente se gana su lugar en el Top 10!

Eidon   - https://www.eldonwatches.com/pages/affiliate-programme

Relojes. Con una red sólida, buenos comentarios de los clientes y muchas otras ventajas, es seguro decir que están aquí para triunfar en el mundo del dropshipping.

Etsy - https://www.etsy.com/mx/affiliates
La tasa de comisión de Etsy se basa en su país y ofrece entre un 4 y un 8% de comisión en todas las ventas completadas. Cualquier producto anunciado en Etsy que se venda a través de tu tienda en línea ta hará recibir una comisión por esa compra.

Fiverr - https://affiliates.fiverr.com/
Aumenta tus ganancias dirigiendo el tráfico a Fiverr. Promueve el mercado de servicios digitales más grande del mundo. Cobra por conducir tráfico, así de fácil.

Flexoffers - https://www.flexoffers.com/
Con más de 5000 anunciantes destacados y más de 10 años de experiencia en el campo del marketing de afiliación, prometen brindar una atención al cliente sin igual, una amplia gama de herramientas mejoradas de transmisión de datos y pagos rápidos y confiables.

G suite - https://gsuite.google.com.mx/intl/es-419_mx/landing/partners/referral/
Programa de afiliados de Google. Únete al Programa de afiliados de G Suite y recibe US 15 dólares por cada usuario y hasta 1,500 dólares por cada empresa que se registre.

HIllTopAds - https://hilltopads.com/
Monetice hasta un 30% más efectivamente que antes
Reciba pagos semanales a través de Bitcoin, ePayments, Webmoney, Wire, ePayService y Paxum
Monetice el tráfico web y móvil. ¡Todos los nichos son los bienvenidos! Solo anuncios limpios

Impact - https://impact.com/affiliate-marketing/
Esta red fue creada por algunos de los nombres más grandes y legendarios de la industria. Combine esto con la tecnología de alta gama y obtendrá una combinación ganadora de inteligencia y experiencia que dará como resultado clientes satisfechos y muchas ganancias.

Infolinks - https://www.infolinks.com/join-us/
Infolinks te proporciona una fuente de ingresos estable, tecnología confiable, administración de cuentas fantástica y, lo más importante, una experiencia de usuario positiva.

LinkConnector   -
https://www.linkconnector.com/affiliates/why-affiliates-love-lc/
Si buscas una súper gama de marcas conocidas y de buena reputación, entonces LinkConnector son las indicadas para ti. Tienen una gran responsabilidad en la "tecnología patentada" y son extremadamente respetados en el área.

Linkedin   -
https://www.linkedin.com/help/learning/answer/9142 3/linkedin-learning-affiliate-program-overview?

lang=en
Puede unirse al programa de afiliados de LinkedIn Learning y ganar hasta $ 40 por suscripción mensual o el 35 por ciento de la venta de una compra independiente (curso individual). Le proporcionaremos acceso a nuestros últimos banners, enlaces de texto y ofertas de prueba gratuitas.

Linkworth - http://www.linkworth.com/#publisher
agencia de publicidad estadounidense (el sitio está en inglés) muy interesante para toda publicidad "en texto" (publicidad de palabras clave de su contenido). Linkworth también ofrece artículos remunerados para sus blogs.

MaxBounty   -
https://www.maxbounty.com/affiliates.cfm
La compañía paga a sus asociados semanalmente. Esta red de afiliados es particularmente popular entre los mejores vendedores afiliados y ha recibido innumerables buenas críticas en los últimos años.

Media.net - https://enter.media.net/program/
Aproveche su contenido para aumentar sus ingresos publicitarios hasta 2 veces. Regístrese y obtenga un bono del 10% en sus ganancias durante los primeros 3 meses

Mighty   Deals   -
https://www.mightydeals.com/affiliates
¿Buscas ganar dinero extra en tu sitio web? Si tiene un sitio que cubre cupones, ofertas o herramientas de diseño web, o si tiene un público al que le

encanta ahorrar dinero, ¡considere unirse al Programa de Afiliados de Mighty Deals! ¡Puede ganar un 25% en cualquier compra rastreada a través de sus enlaces de referencia a nuestro sitio web!

MintClicks - https://mintclicks.com/index.php?page=index/publisher
Con una cuenta de editor de MintClicks, podrá monetizar el tráfico del sitio web que está recibiendo actualmente pagándole por cada clic que recibimos a través de su sitio web. Le proporcionaremos anuncios de anunciantes que tengan las ofertas más altas, lo que garantiza que siempre tendrá la mayor cantidad de ingresos posible.

Netaffiliation -
https://es.netaffiliation.com/aff/monetice-sus-espacios-publicitarios-y-bases-de-datos
La compañía está presente en 17 países de Europa y América y ofrece innovadoras herramientas para la gestión y difusión de campañas publicitarias online. La remuneración es bastante alta en comparación con otros operadores y puede adoptar las diferentes formas posibles: CPA, CPL, CPC, CPM.

Netim - https://www.netim.com/affiliate/
un simple enlace o banner (redirigido a nuestro sitio web), una sección completa en su sitio web que presenta uno o varios servicios, nuestro motor de búsqueda de nombres de dominio en su sitio web, Su recomendación a sus clientes, conocidos y

amigos. Se pueden publicar mensajes en redes sociales

Outbrain - https://www.outbrain.com/contact/?who=publisher
La tecnología de Outbrain permite a las compañías de medios y editores competir en el juego de la adquisición, participación y retención de la audiencia.

PepperJam - https://www.pepperjam.com/publishers-and-influencers
Al descubrir el mundo del marketing de afiliación, veras que las oportunidades son infinitas. Echa un vistazo a nuestros recursos para socios diseñados para que comiences con éxito. Para Publishera e Influencers.

PopCash - https://popcash.net/register
Todo lo que necesita hacer es registrarse, enviar su sitio web y colocar nuestro código popunder en las páginas deseadas. Una vez que su dominio haya sido aprobado, a todos sus visitantes se les mostrará un anuncio popunder cada 24 horas. Esto asegura que la experiencia de sus espectadores no se verá afectada por nuestros anuncios. Todo lo que le queda por hacer es concentrarse en atraer más visitantes hacia su sitio web.

Popunder Total - http://popundertotal.com/publishers.php
Monetice el tráfico de su sitio web en todo su potencial
PopUnderTOTAL ofrece servicios de costo por vista

bajo un sistema de ofertas en tiempo real, lo que significa que obtendrá la cantidad máxima de dinero cada vez que uno de nuestros anuncios se muestre a un visitante de su sitio web

Pubdirect - http://www.pubdirecte.com
Debe insertar scripts de Pubdirectory en su sitio y luego solicitar las campañas a las que desea unirse. Sistema automático y fácil de usar, contenido de varios anuncios Adecuado para sitios "pequeños".

Rakuten -
https://signup.linkshare.com/publishers/registration/landing
Elegida como una de las principales redes de afiliados durante cuatro años consecutivos, Rakuten Marketing es una opción de última generación para anunciantes principiantes y experimentados.

RevenueHits - https://www.revenuehits.com/
Convierta su sitio web en una vaca de efectivo con RevenueHits. Obtenga acceso a fuentes de demanda premium y aumente sus ingresos en computadoras de escritorio y dispositivos móviles. Conviértete en nuestro editor

RevenueVids -
http://www.revenuevids.com/#solutions
RevenueVids es una mejor manera para que los editores premium se conecten con los principales anunciantes de video. Nuestros sistemas internos avanzados generan ingresos óptimos en tiempo real utilizando tecnología inteligente y contenido atractivo.

ReviMedia   -
https://revimedia.everflowclient.io/affiliate/signup
Si está buscando clientes potenciales en seguros, servicios para el hogar, servicios financieros y más, este es el sitio para usted. Con un alcance en todo EE. UU. Y más allá, pueden proporcionarle clientes potenciales calificados y de calidad, así como proporcionar información valiosa sobre sus datos demográficos clave. ¡Son bien conocidos por su excelente servicio al cliente y planes de pago y tienen acceso a más de 2000 editores!

Seeding Up - https://www.seedingup.es/editores/
SeedingUp te ofrece diversas opciones para comercializar sus páginas web, blogs, canales de YouTube y perfiles de redes sociales (Facebook, Twitter e Instagram). Nuestros productos de Blog marketing son ideales para blogs, mientras que las Digital News son excelentes para los medios de comunicación online. Los Youtubers pueden comercializar sus canales de Youtube mediante los Influencer Videos. En la oferta de Social Posts & Seeding se incluyen páginas de Facebook, perfiles de Instagram y cuentas de Twitter públicas.

ShareASale   -
https://account.shareasale.com/newsignup.cfm?
Con más de 4000 programas de afiliados y 15 años de experiencia en el campo de las redes de afiliados, ShareASale es posiblemente la red de afiliados más reconocida. Similar a CJ, esta plataforma también viene con un sistema de pago

confiable y un mecanismo de seguimiento fácil de usar.

Share   Results   -
https://www.shareresults.com/affiliate-network-solutions/
Desarrollaron su propia plataforma y tecnología, y realmente llama la atención de los minoristas. Definitivamente vale la pena echarle un vistazo e incluso ofrecen un blog lleno de consejos, sugerencias y noticias también!

Shopify - https://www.shopify.com.mx/afiliados
Gana con el programa de affiliate marketing un promedio de $58 dólares por cada usuario que se inscriba en un plan pago con tu enlace de referencia único, y $2000 dólares por cada referencia a Shopify Plus. Para maximizar sus ganancias, cada referencia será nutrida para ayudar a tus referidos a pasar del plan de prueba al plan pago.

Skimlinks - https://signup.skimlinks.com/
Abra una nueva fuente de ingresos de su contenido Skimlinks afiliados productos enlaces de su contenido comercial. Automáticamente

Smooth - https://affiliate.loadsmooth.com/index.php
Con más de 500 marcas conocidas y más de 500,000 usuarios cada día, fusionan con orgullo las complejidades de la ciencia de datos con el impacto de las interacciones humanas para crear resultados cuantificables y fáciles de monitorear.

Sponsorboost -
https://www.sponsorboost.com/v2/affilies.php
Sponsorboost ofrece una plataforma de enrutamiento de correo electrónico que le permite llevar a cabo campañas de correo electrónico sin ser considerado un spammer. Campañas en display y por correo electrónico.

Taboola - https://www.taboola.com/contact
Más de 10,000 proyectos en línea usan Taboola para adquirir nuevas audiencias, aumentar el compromiso y generar ingresos.
MONETIZA, COMPROMETE, ADQUIERE.

Tipalti - https://tipalti.com
La automatización de extremo a extremo de Tipalti optimiza todo su proceso para pagar afiliados en todo el mundo.

Togethernetworks - https://topoffers.com/es/for-affiliates/
Ofrecemos las mejores ofertas CPA para anunciantes premium y garantizamos pagos competitivos a nuestros afiliados. La gran ventaja de trabajar con nosotros es nuestro servicio de asistencia inmediato y personalizado, y nuestra elevada monetización del tráfico.

Tradedoubler -
https://www.tradedoubler.com/es/publishers/
Nuestra solución de marketing de afiliación líder en el sector te permite generar ingresos adicionales desde tu web. Conectamos a más de 2.000 marcas líderes con soportes de todo el mundo que abren

nuevas fuentes de ingresos y ofrecen un ROI claro.

TradeTracker - https://tradetracker.com/affiliate-programme/
El programa de segundo nivel ofrece a los afiliados de TradeTracker la opción única de ganar a través de un modelo de comisión de segundo nivel. Esto significa que cuando un afiliado activo recluta nuevos afiliados, estos reclutas se convierten en sub-afiliados del reclutador.

Udemy - https://www.udemy.com/affiliate/
Promociona un producto que siempre sea útil, que la gente siempre quiera, y que nunca pasará de moda: ¡miles de cursos en línea en cientos de categorías!

Valuleads - https://valuleads.com/publishers.html
Expertos dedicados y servicio de calidad de 8 a.m. a 12 a.m., los siete días de la semana. A diferencia de muchas redes que afirman tener soporte 24/7, pero luego no contestan el teléfono porque no hay nadie allí, somos sinceros y honestos: nuestro equipo está disponible 16 horas al día, todos los días.

Vimeo - https://vimeo.com/about/affiliate
Nosotros tenemos un sitio web, tú tienes un sitio web. Nosotros hacemos publicidad del nuestro, y tú necesitas patrocinadores. Pon nuestros anuncios en tu sitio web en algún lugar que esté libre, o en algún sitio en el que pienses que a la gente le gustaría ver anuncios dinámicos.

Webgains -
https://www.webgains.com/public/es/afiliados/
¿Estás preparado para liderar el mercado con un marketing que ofrece los mejores resultados, incrementa tus ventas y te pone en contacto con tus clientes de la forma más rápida? Si deseas ganar dinero con tus contenidos online e interactuar con tus lectores como nunca, únete hoy mismo a nuestra red mundial de afiliados.

Zoom - https://zoom.us/partner-locator
El Programa de afiliados de Zoom está diseñado para recompensar a los socios por generar nuevas oportunidades al recomendar los Servicios de Zoom a sus respectivos clientes y prospectos.

VIAJES Y TURISMO

Como ya dijimos en otro apartado, el turismo y los viajes siempre harán soñar a los Internautas. Si tienes la suerte de haber viajado por varios lugares, puedes compartir esas experiencias en un portal web y colocar anuncios de los programas de afiliación de estas plataformas.

En la primera sección de Recursos, vimos varios Market Places, en algunos puedes encontrar ofertas de viajes, estancias, ropa para viajar, equipos, aparatos fotográficos, zapatos y muchas cosas más.

Viajes en dropshipping:

Agoda - https://partners.agoda.com/
Generosas comisiones sobre las reservaciones. Cuantas más reservaciones se hagan cada mes, mayor será el porcentaje de pagos para ti.

Airbnb - https://affiliate.withairbnb.com/
Como afiliado calificado, tendrás acceso a todo el catálogo de Airbnb. Tendrás una comisión por cada reservación que se realice por tu conducto y tus clientes obtendrán un viaje inolvidable.

Booking - https://www.booking.com/affiliate-program/v2/index.html
Únete al programa de afiliados de Booking.com y empieza a ganar comisiones por cada reservación

hechas a través de tu página web. ¡Registrarse es gratis, fácil y con confirmación inmediata!

TripAdvisor - https://www.tripadvisor.com/affiliates
Asóciese con el sitio de viajes más grande del mundo y ayude a sus usuarios a descubrir grandes ideas para sus viajes. Nuestro programa de afiliados le permite aprovechar la marca Tripadvisor para mejorar su contenido, obtener un flujo constante de ingresos en el tráfico hotelero y proporcionar a los usuarios acceso a contenido rico que abarca 795 millones de comentarios y 1.4 millones de lugares para quedarse.

SALUD Y BIENESTAR

Este nicho no es tan pequeño como uno puede imaginarse, hay muchas personas que se preocupan de su salud y su bienestar.

Una tienda en línea sobre coaching, deportes, salud, medicinas alternas, aparatos para adelgazar y similares puede ser una excelente alternativa y pretexto para vender estos productos.

Artículos de salud en dropshipping:

EldoLink - https://www.eldolink.com/en/
Promueva el programa de adelgazamiento Slimdoo®
Herramientas de auto-entrenamiento interactivas web y móviles
Contenido y productos originales de bienestar
Disponible en 6 idiomas con geolocalización
Herramientas promocionales altamente convertibles
Multi-facturación

Healt Trader - https://www.healthtrader.com/us/
HealthTrader se enorgullece de proporcionar recursos que los afiliados realmente usan. Le facilitamos la búsqueda de ese banner, imagen, documento o video perfecto, y nuestros widgets le permiten crear hermosas tablas de precios en segundos.

Natural Revenue - https://www.naturalrevenue.com/es/
Plataforma de marketing de afiliación de productos naturales y de tecnología de punta para la salud, la belleza y el bienestar.

PRODUCTOS FINANCIEROS

Aún sabiendo el riesgo de ciertos productos, muchas personas buscan invertir en las criptomonedas, en programas de bienes y raíces, obligaciones y otros artículos afines.

La lista que presentamos aquí es pequeña, pero te aseguro que si buscas un poco, vas a encontrar muchas empresas que proponen sus productos financieros en dropshipping.

Aún si tu no los compras, puedes venderlos y ganar sobre lo que inviertan tus clientes.

Programas de afiliados en finanzas:

Ava Partner - https://www.avapartner.com/es/
Te ofrecemos una variedad de oportunidades para registrarte en distintas opciones como Brokers Introductorios, Afiliados Online, Gestores Financieros, Call Centers, Academias de Trading, así como programas flexibles en marca blanca.

Bitit - https://bitit.io/affiliates
Gane hasta el 9% de comisión. Pagos en Bitcoins semanales. Cada uno de sus afiliados generará comisiones de por vida.

PRODUCTOS DIGITALES

Ya dije que estos productos son los que pagan los más altos porcentajes sobre las ventas, la razón es que los nichos son más pequeños y, en ocasiones, muy especializados.

Los productos inmateriales son los más interesantes pues, su valor está en el contenido; no se necesitó imprimir ni fabricar nada, su existencia es completamente virtual.

Productos digitales en dropshipping:

1tpe - http://1tpe.com/
Obtén hasta un **70%** de comisión vendiendo miles de productos digitales (capacitación, libros electrónicos, software, audios y muchos más)

Acceleration   Partners   -
https://www.accelerationpartners.com/
Ofrecen una gestión de cuentas de alta calidad y ayudan a sus clientes a conseguir dinero para adquirir nuevos clientes a través de una variedad de plataformas y métodos.

Avangate - https://www.avangatenetwork.com/
Esta red viene con uno de los mejores planes de comisiones y la mayoría de los productos adquieren un formulario de muestra sin costo. Si bien no es el

nombre más reconocible, tienen un gran alcance cuando se trata de clientes.

Bluehost - https://www.bluehost.com/affiliates
Simplemente promociona Bluehost en tu sitio web con banners y enlaces personalizados. Por cada visitante que haga clic en estos enlaces y se registre, recibirás **65** dólares ¡Cuantos más inscritos tengamos, más ganarás!

Hoth - https://www.thehoth.com/seo-affiliate-program/
Servicios SEO. Cuando nos envía tráfico, hacemos todo lo posible para que se convierta. Tenemos un autoresponder altamente convertible, seminarios web, ofertas especiales, retargeting, un equipo de ventas en vivo, un soporte increíble y MÁS. Hacemos todo lo posible para obtener sus comisiones.

Mangools - https://mangools.com/affiliate-program
Programa de afiliación SEO de Mangools. Obtenga una comisión del **30**% de POR VIDA promocionando las herramientas de SEO de Mangools utilizado y amado por personas de todo el mundo desde 2014.

OneNetworkDirect - https://www.onenetworkdirect.com/partners.php
Experimente el poder de tener acceso directo a los productos de las principales empresas de software y electrónica gran público.

Popmyads - https://popmyads.com/publishers
PopUnder - Ofrecemos tarifas líderes en la industria

y la mejor cobertura de tráfico internacional. No se dejará ningún tráfico con nosotros, se le pagará por todos sus visitantes. 25 dólares de depósito.

PopAds - https://www.popads.net/publishers.html
Somos la red publicitaria de mayor y más rápido pago en el mercado especializada en popunders. Puede establecer su oferta mínima, puede elegir servir popunders con anuncios de sonido y video de reproducción automática o puede optar por publicar popups / popunders adicionales.

Resellers Panel - https://www.resellerspanel.com/es/
Plataformas de alojamiento de revendedores (Servidores)
Ya llevamos 17 años en el negocio de alojamiento de revendedores y sabemos cómo hacerlo. Resellerspanel es un sitio en inglés que ofrece diferentes formas de rentabilizar su sitio o realizar compras interesantes.

RevenueWire   -
https://affiliate.revenuewire.com/auth/login
Si usted es una empresa que vende productos digitales, este es el indicado para usted. ¡Con presencia en más de 120 países, tienen una reputación tan buena como su alcance y son el afiliado elegido para los tipos de tecnología!

Template Monster - https://www.templatemonster.com/es/programa-de-afiliados.html
¡Únase al programa de afiliados de TemplateMonster!
Obtenga un **30**% de comisión por la primera compra

de cualquier usuario y un 10% de comisión por las futuras compras con el programa de afiliados de TemplateMonster.

VirtualShield - https://virtualshield.com/affiliates/
Promociona el servicio VPN más fácil del mundo. Únete ahora y gana toneladas de dinero promoviendo uno de los mejores servicios VPN. ¡Puedes ganar hasta 96 dólares por referencia!

OUTSIDERS

En toda lista aparecen los "inclasables", los que proponen productos que son difíciles a determinar, pero que tienen su clientela.

Un nicho ligado a los juegos y a las encuestas remuneradas principalmente.

Otros mercados del afiliación:

Allosponsor   -
https://www.allosponsor.com/accueil.php
Primera red de partocinios por medio de micropagos en la Web.

Gum Road - https://gumroad.com
Una plataforma de Market Place que ayuda a los creadores a tomar el control de sus carreras creativas. El contenido ha sido vendido en el mercado por más de 38,589 blogueros, escritores y artistas. No renuncies a tus clientes a iTunes o Amazon. Toma el control de tu negocio

Points2Shop - https://www.points2shop.com/
Points2Shop es uno de los mayores programas gratuitos de recompensas en línea. Puede ganar puntos virtuales o dinero en efectivo con actividades en línea como completar encuestas y ofertas, ver videos, jugar juegos, comprar en línea y

mucho más. Con las aplicaciones móviles de Points2Shop, incluso puedes ganar donde sea que estés, ya sea que estés en casa o fuera de ella.

Rentabiliweb - http://www.rentabiliweb.com/en/
0stant funciona según el principio de las subastas. Establece un espacio publicitario y las pantallas se ofrecen al mejor postor. Solo campañas de CPM. Rentabiliweb también ofrece un sistema de micropagos para que parte de su sitio pague.

Searchcactus   -
https://cactusmedia.com/Pubsignup.asp
Le darán $ 2 para iniciar su cuenta la primera vez que se una y puede hacer 25 búsquedas por 25 centavos cada una. día. Simplemente escriba una palabra de búsqueda en el pequeño cuadro de búsqueda y deje que aparezca esta página.

ENTRETENIMIENTO PARA ADULTOS

El entretenimiento para adultos es una industria que genera más de 100 mil millones de dólares al año. Las empresas invierten mucho dinero en publicidad en línea.

La mayoría de las principales y más conocidas redes de CPA ahora tienen también campañas para adultos, citas, encuentros y romance gracias a la demanda que crece de manera exponencial.

Las empresas son altamente serias y sus productos los manejan como cualquier otro artículo o servicio.

Entretenimiento para adultos en dropshipping:

Adult Company - https://www.the-adult-company.com/public/accueil/
Esta plataforma ofrece miles de fotos, videos, sitios de encuentros y cámaras en vivo; además, pone a tu disposición varias herramientas para promocionar y personalizar tus productos o tu tienda.

Adult Look - https://www.adultlook.com/affiliate
Escorts - Es fácil ganar comisiones. Convierte a tus visitantes en clientes; gana comisiones sobre ventas e ingresos publicitarios.

ADXXX - https://es.adxxx.com/
Estamos orgullosos de presentar nuestro propio mecanismo creado especialmente para satisfacer las necesidades de publicidad de la industria para adultos (adult-industry).

Busyx - https://www.busyx.com/
Este sitio web te maneja tiendas afiliadas y marcas blancas sexys para vender en tu sitio. Posibilidad de adquirir una tienda completa en un kit, 100% personalizable e instalables en tu dominio o subdominio.

Chaturbate - https://es.chaturbate.com/affiliates/
Gana un dolar por cada registro gratuito. Nuestro proceso de registro está simplificado y no requiere una dirección de correo electrónico ni tarjeta de crédito.

CrakRevenue - https://affiliates.crakrevenue.com/
Con mucha dedicación y esfuerzo por ofrecer la mejor experiencia a sus clientes, CrakRevenue es el mejor generador de ingresos en la industria del entretenimiento para adultos.

CPAMatica - https://affiliate.cpamatica.io/
La empresa propone productos exclusivos para sus socios y asi poder ofrecer condiciones más favorables a sus afiliados. Solo funciona en el nicho de adultos y citas con experiencia probada.

Dating Gold - https://www.datinggold.com/
Desde 2003, nuestros negocios, productos y tecnologías han perdurado ahí, donde otros han desaparecido desde hace mucho tiempo.

FireAds - https://fireads.org/en/register
FireAds es una red de CPA versátil, gestiona más de 36 campañas para adultos altamente convertibles. Si estás buscando campañas para adultos altamente convertibles, entonces es hora de demostrar tus habilidades de marketing con FireAds

Golden Goose - https://gg.agency/register
GG.agency es una de las principales redes de CPA para adultos que le permite monetizar el tráfico en todo el mundo. Con un flujo de un clic, click2sms y campañas de afiliación del tipo de envío de PIN, GoldenGoose ha sido clasificada como la red premium con un giro exclusivo en campañas para dispositivos móviles.

Happy   Escorts   -
https://www.happyescorts.com/es/webmaster
Gana una comisión del 75% incluso si un miembro gratuito que nos has recomendado, compra una membresía varios meses después. Pago mensual vía paypal - Sin pago mínimo.

MaxBounty - https://www.maxbounty.com/
Una de las redes de CPA más antiguas, tiene algunas ofertas de afiliación para adultos y citas exclusivos, bastante populares en la red. La compañía tiene una gran cantidad de ofertas en

todos los mercados verticales y también tiene una reputación bien implantada en la industria de afiliación para adultos.

MyLead - https://mylead.global/es
Elige uno de los mil programas de afiliados disponibles en nuestra plataforma. Puedes elegir entre docenas de campañas para pomocionar tu tienda.

PaySale - https://paysale.net/
La compañía ofrece ofertas exclusivas y escalables para editores con pagos mensuales a través de PayPal, paxum, WebMoney y cable.

Pushy-Ads - http://pushy-ads.com/
Pushy-Ads es otra red líder de monetización en el entretenimiento para adultos. Sus anunciantes premium, tienen ofertas de CPA exclusivas para adultos y citas.

Seeking   - https://partners.reflexmedia.com/affiliate/signup
Daddy Sugar. Al registrarte, tendrás a tu disposición un equipo de diseñadores y materiales para ayudar a aumentar los ingresos. MAYORES INFORMES: https://www.seeking.com/es/affiliate

Xsponsor - https://www.xponsor.com/
Más de 80 sitios a promouvoir, dans des catégories différentes, y bénéficiant chacun de zone membre propio Pago en función de los abonos de banquetes a la carta, kits de carga o micropagos.

CASINOS

Este mundo es de riesgo mediano, pero es de riesgo; por esta razón sólo propongo los más grandes, los que manejan varios casinos en línea y que tienen productos propios.

Se genera mucho dinero y algunos casinos te propondrán remuneraciones según lo invertido por cada cliente que les lleves a jugar.

La competencia es feroz, pero es muy interesante para las personas que lo trabajen seriamente.

Casinos en dropshipping:

888 Affiliates - http://affiliates.888.com/es/
El programa 888 Affiliates representa la marca 888 de casinos en línea que ofrece todos sus productos de juegos con la tecnología de la plataforma de software propia de la compañía.

Ace   Revenue   -
https://www.acerevenue.com/partners.php
El equipo de Silver Oak es un grupo de veteranos de la industria que creó su propio casino. Tienen una misión simple: proporcionar una experiencia de juegos de casino en línea confiable y sin igual para cada jugador, sin importar su nivel de experiencia en el casino.

Affiliate Edge - https://www.affiliateedge.com/
Esta plataforma de casinos, ofrece juegos en varias monedas y un programa de casino multilingüe que proporciona estadísticas diarias, actualizadas con el apoyo de un equipo de administradores de cuentas profesionales.

AskGamblers -
https://www.askgamblers.com/affiliate-programs
Debemos superar los límites y seguir inspirando a toda esta industria para honrar a los jugadores, trabajar para ellos y brindar el mejor servicio que existe.

Bet365 - https://www.bet365affiliates.com/ui/pages/affiliates/affiliates.aspx
Este portal es un sitio web de casino multilingüe que se dirige principalmente a jugadores con sede en el Reino Unido y en toda Europa y Asia; actualmente no acepta jugadores con sede en los Estados Unidos.

Betway Partners affiliate -
https://betwaypartners.com/
Betway se dedica a crear un entorno agradable y seguro para los usuarios, y está constantemente innovando para garantizar la entrega de productos de juegos en línea de clase mundial.

Blink - http://www.blink.com/
Recompensas flash: ¡otro lugar más para hacer clic varias veces al día y ganar dinero rápido! Funciona

básicamente igual que la mayoría de los otros sitios de clics.

Casino Affiliates Forum - https://www.affiliateguarddog.com/
Numerosos foros sobre todo lo relacionado con la industria: noticias, pagos, marketing y ventas, optimización de motores de búsqueda, trabajos, problemas

Cleopatra Casino - https://cleopatrapartners.com/
Puede ganar rápidamente un poco de dinero extra cada mes simplemente publicando un anuncio discreto en su sitio. Esto le otorga hasta un 40% de los ingresos que obtenga el casino a través de su enlace de afiliado.

ClickAdu -
https://www.clickadu.com/es/publishers.html
Regístrese como editor
Añada su sitio web y reciba la aprobación
Instale un código de publicidad y ¡ Comience a ganar!
Tools & Utilities, Push subscriptions, Dating, Soft, VPNs, Finance Apps, Mobile content, Shopping Apps, Nutra, Sweepstakes, Delivery Apps, Gaming

Goracash - https://www.goracash.com/es_ES/
Goracash pone a tu disposición contenido gratuito basado en las artes adivinatorias que te permitirán publicar en tu sitio contenido fresco y actualizado regularmente (horóscopo rss por ejemplo).

GVC Affiliates - https://www.gvcaffiliates.com/
Como una de las compañías de juegos en línea más grandes del mundo, nuestro enfoque está en el crecimiento continuo de nuestro negocio al proporcionar una experiencia de juego sin igual. Únete a las principales marcas de juegos del mundo. Gane hasta un 35% en comisiones.

Info Casino Bonus - https://www.infocasinobonus.com/affiliate-programs/
Tenemos los últimos juegos de casino para que juegues, con la nueva y mejorada sección de lobby de juegos que te ayudará a encontrar un gran juego. Si te gustan las tragamonedas clásicas, los juegos de mesa y el video póker.

WCasino Affiliates - https://affiliates.iwcasino.com/signup.aspx
Sin agrupación de ganancias
Sin tarifa administrativa deducida de las comisiones
Desarrollado por la plataforma NetRefer
Planes alternativos de comisión por solicitud
Esquema de sub-afiliación disponible
Bajo un umbral de pago de cien euros

Primepartners - https://www.primepartners.com
Retribución muy atractiva (de 30 a 175 $ por jugador efectivo orientado en uno de los juegos en remuneración fija) y bonificaciones adicionales (por ejemplo, bonificación de 500 $ por 10 registrados en un casino).

Revenue Giants - https://www.revenuegiants.com/
El programa de afiliados Revenue Giants le ofrece una participación en las ganancias de por vida, que se paga al final de cada mes.

CONCLUSIÓN

Lo que encuentras en este eBook es fruto de muchos años de experiencia en el Comercio Electrónico, dentro de los cuales cinco años gestionando los productos de una empresa en dropshipping.

Lo que te sugiero, comento o propongo, lo he vivido en directo y ya cometí suficientes errores como para que pueda decirte a ciencia cierta lo que funciona y lo que no. Aprovecha de mis vivencias pero, si quieres aprender por tus propios medios, adelante, el camino es tuyo.

Ya vimos que si se puede poner en línea una tienda completa con muy pocas monedas y ganar dinero con muchos productos; creo que he cumplido el reto que te propuse al principio de este eBook.

También vimos algunas de las maneras en que puedes promocionar tu tienda en línea por medio de las redes sociales y del video.

Probablemente estos métodos te llevarán un poco de tiempo desarrollarlos y encontrar la fórmula que más te convenga.

Te sugiero que adquieras el eBook "Vende en Línea" donde te describo un sistema muy utilizado por las grandes empresas y que te hará vender de manera segura y rápida. Ese método lo puedes utilizar en lo que tu tienda encuentra su público y se posicione en Internet.

Por el momento, inicia tu proyecto; ya te expliqué paso a paso cómo hacerlo, sólo es cuestión de voluntad de tu parte.

Cuando reclutes tu primer empleado para que trabaje sobre alguna de las partes del proceso de comercialización o de comunicación de tu tienda en línea, sabrás que vas por el buen camino.

Otro momento de intensa emoción es cuando vendes tu primer artículo en dropshipping y ves reflejada la venta en tu cuenta PayPal.

Disfruta tu proyecto, diviértete creándolo y seguro que esta aventura te dará muchas satisfacciones. Felicidades.

OTROS LIBROS ELECTRÓNICOS

Cómo Crear un Negocio desde Casa

En este eBook te mostramos paso a paso cómo crear tu propio negocio en línea desde la comodidad de tu casa. Desde el concepto de venta, hasta la comercialización con un método único con el que vas a tener ventas rápidamente y de manera segura. Videos exclusivos, recursos increíbles y dos modelos de negocio que SI funcionan en Internet.

La Guía del Libro Electrónico

Esta guía está pensada en aquellos que quieren vender su experiencia, sus conocimientos o simplemente compartir su pasión, pero no saben cómo crear un eBook. Descubre los secretos del Libro Electrónico, desde la portada, hasta la creación en formatos listos para publicar y venderlos en línea.

Vende en Línea

Ya tienes un producto o un servicio para ofrecer al público; probablemente ya tienes tu propio sitio web, pero los clientes no llegan. En esta guía te decimos cómo vender tus artículos de manera segura. Te ayudamos a transformarte en Cyber Comerciante, sólo sigue los pasos que te mostramos en este eBook.

SOBRE EL AUTOR

Rubén Fox tiene una trayectoria de más de veinte años en el Comercio Electrónico, dentro de los cuales quince años en Francia.

Las misiones fueron muy diversas, desde la comercialización Online de servicios y productos, hasta la coordinación de los afiliados, pasando por el posicionamiento y el tráfico de varias Tiendas en Línea.

A manera de anécdota, las circunstancias hicieron que Rubén tuvo la oportunidad de dedicarse durante dos años a investigar en Internet; creó portales de prueba, manejó servidores virtuales, recorrió los diferentes niveles de la Web, probó scripts, creó procesos de investigación Web y se dedicó a conocer la Red y su funcionamiento.

Después de este periodo, trabajó como SEO Senior en tres Agencias Web y participó en varios proyectos de e-Comercio. También asistió a dos Google Adwords Academy en Google France, en 2008 y 2010.

La experiencia le ha hecho conocer todos los secretos del Comercio Electrónico; actualmente decidió transmitir esa experiencia bajo la forma de libros electrónicos.

Este especialista del Comercio Electrónico pone sus conocimientos y los archivos que ha acumulado durante muchos años a disposición del público hispano-parlante para ayudar, de alguna manera, a desarrollar el e-Comercio en Latam.

EMAIL:
ruben.fox@gmail.com

YOUTUBOGRAFÍA Y MENCIONES LEGALES

El dropshipping lo conozco desde el 2005; mis conocimientos los debo a la experiencia derivada de prueba y error, así que no tengo referencias bibliográficas.

Cuando decidí escribir esta guía sólo tuve que actualizarme para ver las tendencias más recientes. Estos canales de Youtube me dieron información valiosa:

Adam Rzk:
https://www.youtube.com/channel/UCLN6HCB1YE76j o381Tf6m1Q

André Dubois:
https://www.youtube.com/channel/UCtznbzdsEtz8vo dNp2yc8Qg

EcomFrenchTouch:
https://www.youtube.com/channel/UCbjbLQ-X1xVf1uk1wzbbhXw

Jimmy Decom:
https://www.youtube.com/channel/UCLOtCvH1SCS7s 1-OW8Y7xpQ

Matt Cutts: https://www.youtube.com/user/MattCutts

Neil Patel:
https://www.youtube.com/user/neilvkpatel

Nej Douma:
https://www.youtube.com/channel/UC3CE2TXfbadyN
Tn7KiT-rwA

Pierre Eliott:
https://www.youtube.com/channel/UCnP0jba1VHZ_s
SpLRRxaCbw

Algunas fotografías vienen de:

Pxfuel: https://www.pxfuel.com/
Fotolia: https://mx.fotolia.com/

Otros archivos están bajo licencia Creative
Commons:
https://www.google.fr/search?
q=dropshipping&tbm=isch&ved=2ahUKEwivl6Pb3fT
oAhXHVKwKHVpkB9sQ2-
cCegQIABAA&oq=dropshipping&gs_lcp=CgNpbWcQ
AzIECCMQJzICCAAyAggAMgIIADICCAAyAggAMgIIADI
CCAAyAggAMgIIADoECAAQQ1DGlwJY3bcCYPS7Amg
AcAB4AIABjwGIAcULkgEEMC4xMpgBAKABAaoBC2d3
cy13aXotaW1n&sclient=img&ei=bWScXu-
sIsepsQXayJ3YDQ&bih=580&biw=1351&tbs=isz
%3Al%2Csur%3Afc&hl=es

*"Ningún animal fue maltratado durante la escritura
de este eBook"*

www.ingramcontent.com/pod-product-compliance
Lightning Source LLC
Chambersburg PA
CBHW020559220526
45463CB00006B/2375